생각나면 또 올게

생각나면 또 올게

김봉임 시집

Poems by Kim bong im

동학사

■ 시인의 말

말의 향기는 내뿜다 사라지고
내 곁에 머무는 것이란
한 줄의 언어 유희다

이렇게 펜을 들고
일상을 스케치하는
나를 만난다

이 시집을
마실가서 여태껏
돌아오지 않고 있는
어머니께 바친다

2023년 입추에
김봉임

생각나면 또 올게 김봉임 시집

1

2

3

4

5

1

대왕암공원 출렁다리

그대와 나
흔들리면서 가네
오작교 위로
사랑을 꽃피우며 가네

여기 오면 누구나
손을 잡게 하는 흔들림
행복이 솟아나는
그 끝이 어딘지도 모르네

어질어질 사랑에 취해
아슬아슬 해풍에 취해
구름 위를 떠가는
한 척의 배였네

이별

그해 겨울
사랑이 동사 당했다

낡은 일기장을 들추자
묽은 액체가
훈장처럼 빛났다

로그인

당신을 알고 싶어요
사랑한다는 그 말
믿어도 되나요

아니 뭐라고요
나의 인증번호가
필요하다고요

사랑길

하늘과 바다
손을 맞잡은 한 폭의 그림
그곳에 길 하나 있다

숨 한 모금 마시면
파릇한 산 내음 코끝을 적시고
바람 한 모금 마시면
짭조름한 바다 내음 마음을 적신다

산등성에 오르면
아버지의 기상이 서려 있고
바다는 억겁의 세월을 다독여 온
어머니의 품 같아

산과 바다
두 팔 벌려 펼쳐 놓은
해변과 사랑길
내 고향 강동

접시가 깨졌다

조그만 실수로
너는 내 손끝을 벗어났다
앙칼진 목소리를 내면서
날카로운 무기가 되어
공포감을 안겼다
이미 엎질러진 물이다
너는 여기까지다

산

날마다
베낭 하나 들쳐 메고
끙끙 산을 오른다

씩씩거리며
구슬땀 뚝뚝
죽을 똥 살 똥
헉헉 기어오른다

야호 외쳐대면
아 아 아 상대편에서
응답하는 산울림

텅 빈 머릿속을 헹궈내는
상큼한 바람
계곡에서는 콸콸콸
맑은 물이 쏟아진다

오늘도 나는
불끈불끈 솟아 있는
산봉우리에 오른다

생각나면 또 올게

몸과 마음 지칠 때
당신이 그리워지면
당신 품에 폭 파묻혀
위로받고 싶다
언제나 그 자리에서
투정 한번 부리지 않고
날 기다렸다가
넓은 품을 내어주는 당신
조였다 풀었다 힘 조절도 수준급
세포 깊숙이 떨림을 주면
온몸에 생기가 살아난다
외면하고 돌아서도
바람 한번 피우지 않고
기다려 주는 당신
당신 목숨줄은 내 손에 매여있지
살짝 터치만 해도 얌전해지는
동면에 든 곰처럼
KS 마크가 인증한 거구

목련 전화 걸다

전파를 타고
보슬비에 젖어 든
그대 목소리

우리는
꽃이 되었습니다

빠각빠각
하얀 속살 깨울 때
한 잎 한 잎
마음이 열렸습니다

손으로 만든 종이꽃처럼
가지마다
층층 걸린
눈부신 사랑

이 좋은 봄날 아침에

참깨꽃 연가

칠월 한여름
눈이 온 듯
청순한 참깨꽃
웃음이 희다

긴 드레스에
자줏빛 속살
붕붕 벌떼는
발정이 났다

오늘 밤 저들 안방에는
금슬이 참 고소하겠다

꽃을 보다

멋진 여자가 지나가면
각선미가
시선을 붙잡는다

옷은 명품인지
액세서리는 짝퉁인지
호기심 찬 눈으로
바라보는 사람들

한 시간은 족히
메이크업한 얼굴
머릿결은 웨이브로 물결친다

그러나 밤이면
세상 사람들이 알고 있는
저 꽃송이는
자기 모습을 잃어버린다

소식이 없어

하얀 와이셔츠에
검은 연미복
그는 소문난 멋쟁이
남쪽 휴양지 갔다가
3월에 돌아오는 부부다

보증금도 없이
제집인 양 권리를 주장한다
미안한 마음은 간혹
박 씨 하나쯤 물고 온다

난개발로 터전은 줄어들고
언제부턴가
그들이 보이지 않는다

아파트 옥상의 열판
프라이팬 아스팔트
자동차가 뀌어대는 방귀
아마 이래서 안 오나 보다

양귀비

불길 이글대는
터질 듯한 가슴을
식혀줄 하늘은 없는가
이팔청춘도 서러운 봄날이건만
그 흔한 벌 나비도 오지를 않네

봉오리 수줍어
고개 숙인 지 며칠
바짝 대궁 세우더니
가녀린 줄기 끝에 불이 붙는다

사흘 밤낮으로 허물어져 내리는
살이 타는 냄새를
어디엔가 다 숨겨놓고
가슴팍에 불을 질러대는 너

아무도 보지 않는 어두운 밤
오열 토하며
한꺼번에 와르르 무너진다

바람이 분다

바라는 건
아무것도 없었다

네 가슴 깊숙이
새기고 싶었던
내 이름 석 자

짧은 이별
긴 여운
함께한 수많은 나날

서늘한 가슴 속으로
한줄기 억새 바람 지나간다

2

여름 탈출법

참숯가마 안
장작불에
헉헉 숨통이 터질 듯

긴 소매 옷에
두꺼운 장갑 양말까지 신고
담요 두른 하안거 밀폐 공간

100℃
150℃
200℃
뜨거운 불맛을 본다

비로소
밖으로 빠져나오자
35℃ 날씨가
얼음처럼 시원하다

등대지기와 유물

칠흑의 세상을 비추던 스탠드
아직도 낮은 촉수 깜박거리며
불빛을 쏘아댄다

나이가 서른이 훨씬 넘었으니
등대지기인 나와 늙어가는 처지
약간의 잔병이 있었지만
예나 지금이나 존재감을
잃지 않고 있다

어느 날 날궂이 하듯
번쩍 번개가 치더니
검은 흑점을 남기고 눈을 감았다
응급실 수술대에 올라
플러스 마이너스 전기충격을 가해봐도
쉽지가 않다

경비실 맥가이버 아저씨의
탁탁 충격 요법이 먹혀들었는지

감았던 눈을 떴다
그러면서 노장의 왈
"고물상 가야 할 물건을 여태 쓰세요
전자회사 다 굶어 죽습니다"
너스레를 떨었다

지나온 뱃길만큼이나 많은
추억을 간직한 불빛의 사연
아들딸 공부 항로를 밝혔던 등대는
이제 아무래도
늙은 등대지기와 함께
박물관으로 가야 할까 보다

물길

길을 나섰다
깊은 산 바위틈을 버리고
넓은 세상 만나려
내달리고 있다

처음 만난 들과 이웃 되고
논길을 걷는 아이와 친구 되고
잠시 댐에서 휴식을 취한다

냇물에 휩쓸리며
막돌에 이마를 찍고
흰 거품 입에 물고
물의 씨앗을 곳곳에 묻으며
눈물도 삼킨다

저 멀리 번득이는 물비늘
모태의 고향
바다는 끝내 포옹을 잊지 않았다

쑥뜸

피라미드 꼭대기에
불이 났다
온통 다 태울 기세로
타 들어간다
비상 신호가 울리고
연막탄이 머리를 푼다
내 몸 위로
쑥이 탄다
살갗도 마구 탄다
갑자기 지하수를
뽑아 올리는 대륙
불꽃이 사그라들자
잔잔한 평온이 찾아왔다
오늘은 맑음

우 씨

마을에서 강골로 소문난 우 씨
그와 한집에 산지도 강산이 여러 번 변했다
산채를 버무리거나 고구마 줄기를
무쇠솥에 뭉글하게 끓여 주면
큰 눈을 끔벅끔벅 콧김을 뿜어댔다

누구도 감당 못 하는 힘 하나로
동네 여친에게 인기가 많았던 우 씨
우리 집 앞을 알짱거리는
그 예사롭지 않은 예감에
기어이 내 눈은
못 볼 꼴을 보고 말았다

큰 콧구멍은 실룩실룩
본드 같은 침을 질질거리며
이글거리는 눈빛과 거친 숨소리로
불을 켜고 달려들었다

옥답을 늘리고
새로 집을 앉히고
자식 농사까지 멍에 줄로 끌었는데
어느 날 굴러온 트랙터에게
말뚝 박은 자리를 빼앗기고
우시장으로 떠나던 날
마을 여기저기서
우牛 씨 빼닮은 2세들의
음매 음매 뛰어놀아

산양

절벽으로 와 봐
그곳은 범접할 수 없는
그들만의 세계다

태어나면서 그들은
생고무 같은 발바닥을
물려받았기에

물 한 모금
풀 한 포기
제대로 허락하지 않는
바위 암벽을 탄다

나에게도
깎아지른 암벽이 있다
아슬아슬 위태위태
생고무 같은 발바닥은 없어도
부모로부터 물려받은
지혜 하나로
하루하루 건너뛴다

날마다 빈틈을 노리는
맹수 같은 보이스피싱
입만 나불대는 사기꾼
허우대만 멀쩡한 무리를 피해
나는 오늘도 절벽을 탄다

바람도 거시기 한다

봄이 허벅지를 내보이면
바람은 약간의 거만한 태도로 다가온다
아무도 눈치채지 못하게
휘적휘적 방탕한 끼를 늘어놓는 한나절

이 꽃 저 꽃 헤집다가
살금살금 발뒤꿈치를 든다
꽃잎 사이로 혀를 날름대는 저 요염
반쯤 눈을 감고서 희롱하기 바쁘다

거절할 수 없는 저 체위
밤꽃이 풍매화로 거듭나려
자궁이 꿈틀댄다

얼마나 많은 외로운 시간을
오래오래 바람을 기다렸는가

흔들린다는 것은
서로가 서로를 애무하는 거다

아 아 아
꽃도 바람도
무너져 내리는 이 봄날

호 씨 이야기

세련된 미인이고 싶었어요
아름다움의 대명사 장미꽃처럼요

나를 보면 다들 박색하다 하지요
남의 이름을 거들먹거리며
가슴에다 대못 박으시는 분 없나요
어쩌다 보니 명예롭지 못한
못난이로 낙인이 찍혔어요

요즘은 얼굴 보수 공사가 붐을 타고 있지요
호박에 줄을 그어 수박이 되는 세상 말예요

난 남들 시선 아랑곳하지 않아요
별을 닮은 도톰한 내 얼굴
찬찬히 뜯어보면 예쁜 구석도 있어요

성은 호가 이름은 박꽃
하지만 사랑받고 싶어요

또 다른 출구

보이지 않던 일상의 터널 속
썩은 나사못을 풀어
켜켜이 쌓인 먼지와
그 속에 숨어 있는
아픈 세포 한 조각까지도
시詩로 씻어 내었다

내 영혼과
신만이 허락한 곳
언어의 정밀한 공구로
다듬고 어루만져
깜깜한 터널 그윽한 곳까지
시의 향기로 채워 넣었다

푸루루
파랑새가 깃을 치며
날아 올랐다

관세음보살

관세음보살
관세음보살

길을 가다가도 관세음보살
잠자리에 들다가도 관세음보살

어머니는 밤낮으로 불러대지만
한 번도 본 적은 없단다
그런데도 마음속 폭풍은 가라앉고
햇살이 쟁쟁 비친단다

칡넝쿨처럼 엉킨 번뇌
냇물이 흘러가며
다 풀어놓고 간단다

관세음보살
관세음보살

호수

산기슭에 작은 호수
금빛 은빛 물결
너울져 흐르고
물 위에 내 마음도 떠 있다

두루미 한 마리 미동도 없이
생각에 잠겼다
휘파람으로 아는 척했더니
솔가지 위로 날아오른다

어디선가
한줄기 달콤한 바람이
불어와 참 맛있다

구름은 물속에
옷 한 벌 벗어놓고
제 갈 길을 간다

수로에 빠진 개

저수지 수로에 진돗개가 빠졌다
사방을 둘러봐도 높은 콘크리트 벽뿐
어디에도 탈출구는 보이지 않았다
이대로는 죽을 수 없는 법

왜 내가 여기에 있는지조차
알 수가 없다
빗줄기는 더 세차게 퍼붓는데
마른 곳이라고는
몇 평 남짓 지면이 도드라진 곳
잠깐 몸을 의지하지만
아무리 울부짖어도 알아주는 이 없다

비가 온다
몸이 젖는다
눈물이 물길을 보태고
새가 되어 날 수만 있다면

결심을 한 듯
불어나는 물속으로 몸을 던진다
길은 오로지 이 길뿐
그때 알았다
나에게 손과 발이 있다는 것을
살아갈 희망이 기다리고 있다는 것을

시계는 돌아도

숫자 세기
나는 아직 젊다
서녘 하늘
장미밭을 감상할 수 있는
기회는 한 번뿐

곧 겨울이 온다고
먹을수록
가벼워지는 나이
낯이 설다

3

울산수변공원

물색 고운 호수
산자락 봄꽃들은
팡 팡 팡
폭죽놀이를 한다
소리도 연기도 없이
호호 하하 깔깔깔

수초 사이사이
나들이 나온
청둥오리 가족
아침밥을 준비하느라
자맥질에 분주하다

소풍 온 튤립은
켄트지에 무지개를 그리고
개구리 보살님은
연꽃 한 송이 꺾어
부처님 뵈러 간다

꿈에 날개를 달다

꿈을 꾸고 살아야 된다고
되뇌었지만
미래는 막연하기만 했다

음력 정월 그믐날 밤
설 샐 준비를 끝내고
올 사람을 기다렸다

남편과 애들은
모처럼 고향을 찾아온
친구를 만나러 나가고
혼자 있을 때였다
피곤에 눌려
소파에서 잠시 눈을 붙였다

그때 날개 달린 백마가
내 앞에 홀연히 나타나
등에 타라는 신호를 보냈다

양쪽으로 길이 쫙 갈라지더니
어딘지 모를
설산 꼭대기까지 날아올랐다
내리라는 몸짓에
엉겁결에 눈을 떴다

자정을 막 넘긴 시간
설날이다
운수 대통할까 보다

어머니의 포구

언제부터인지 문갑 위에는
낡은 목선 한 척 묶여 있다
무명옷 즐겨 입던 어머니는
어디 마실 가셨는지 보이질 않고
발 담근 시린 달빛만이
사부작사부작 실루엣으로
손때 묻은 추억을 넘겨댄다

철썩철썩 파도가
목선의 갈비뼈를 때릴 적마다
하얀 모시가 일어서고
철버덕철버덕 물결이
바디를 탁탁 칠 때마다
올 굵은 삼베가 감기고
금고기 은고기 비늘 같은
수면이 파닥일 때면
잉앗대를 건너오는 결 고운 명주

동이 다 트도록 어머니는
아직도 돌아오지 않고
닻을 내린 포구에는
까칠한 옷감만이 즐비하다

한때는 배가 불룩한 북은
씨줄을 만나려
거친 숨소리를 토했으리

한 여인이 오래도록 낸 뱃길에는
손때 묻은 북만이 남아
윤슬처럼 눈부시다

벼꽃

벌 나비도 찾아오지 않아
사랑 한번 못해본 꽃

겉치레 몸치장도
할 줄 모르는 꽃

잠시 피었다가
사라지는 꽃

아무도 꽃이라 불러주는 이 없는 꽃
오직 바람의 손짓으로만 완성된 꽃

한평생 열어젖힌 가슴
젖꼭지 물려 살이 되도록
헌신한 꽃

새벽 쌀 씻는 소리에 이어
그 밥 냄새 어머니 꽃

갈밭골

사륵사륵 하늘에 비질하던
내 고향 대안
물소리 조약돌 하나에도
낯이 익어 정겹고

어설픈 기척에 놀라
푸드덕 장끼가 날아올랐지
질경이가 집성촌을 이루는 동안
솔밭에서 반딧불이 쫓던
그 여름의 소년은 어디로 갔을까
새들에게 품을 내어주던
풀숲 둥지도 이제 보이질 않네

명석名石

너는 나를 보고
나는 너를 보고

어둠이 깊을수록
무언으로 나누는 절정

아담한 수반은
네가 살아온
강이고 바다고 산이였구나

우리 서로 여기와 마주보기까지
구르고 밟히고 차이면서
세월의 잔주름을
문신으로 새겼구나

어느덧 생을 알아가는 고갯길
손가락 사이사이로 빗겨 내린 억새의 나부낌
모서리가 깎이고 닳은 지난날을 회상하네

너는 별이 되고
나는 달이 되고

눈을 감으면 네 몸속에서
졸졸졸 들려오는 낮은 물소리
오늘 밤 둘만의 시를 읊으며 흐르네

어떤 분재

누군가가 나에게로 다가옵니다
가까이 더 가까이
예쁘다, 사랑하고 싶다
당신이 내가 필요하다며
곁에 꾹 앉혀 놓았습니다

당신에게 선택된 것이
잘된 일인지 잘못된 일인지
나는 아직 모릅니다

당신의 소유욕에 맞추기 위하여
여기저기 모난 곳을 성형하고 다듬었죠
나의 아픔 따위는 보이지 않나요
알기나 하시나요
저의 고통을
이것이 당신의 행복인가요

철삿줄에 묶여 숨조차 쉴 수가 없어요
싹둑싹둑 머리카락 잘라내고

당신만 만족하면 그만인가요

내게 쏟은 사랑만큼
아픔을 주었고
나는 아름다워지고 성숙하였죠
이제 당신의 사랑이 없으면
살 수가 없어요
이것이 나의 운명인가요

견인차

약속 시간 서둘다
추돌한 차
옆구리가 찢기고
혼이 달아났다

격한 목청이 오고 가고
온 들판이 떠나갈 듯
고개 숙인 벼들은 말이 없다

그만들 하시오
내가 증인이요
블랙박스가 앞으로 나섰다
두 말없이 다물어진 입

내 잘못이
네 잘못인 양
견인차에 묶여 끌려가는
뒷모습이 안쓰럽다

인생도
한 시대의 견인차에 묶여
어디론가 가고 있다

세일

벌떼처럼 왕왕대는 사람들
남자 여자 뒤섞여
들었다 놨다 폈다 접었다
깃발처럼 펄럭인다

피난 보따리처럼
꾸러미 꾸러미 풀어낸다
바느질은 잘 됐나 때깔은 좋은가
흠을 살피느라 하늘로 펄럭펄럭
아들딸 몫까지 펄럭펄럭
햇살 현미경으로 검증을 받는다

창고 대방출
백화점 마당에 진열된
이불 베개 방석
입맛대로 골라
침상에 펼쳐 놓으면
황제의 침실이 따로 없다

포탄 세일에 취해
양손 가득 들린 춘추 이불
머니가 뭐니를 불러들인
뜻밖의 횡재수

와장창

시집살이 이등병
그날로 돌아가고 싶지 않다

날마다 새벽이면 나를 깨웠던
가까운 산사의 범종 소리
절절히 가슴 적시던
뻐꾸기시계도
나의 고달픔을 아는지
일부러 울지 않았다
아니 울지 않은 것이 아니라
늦잠에 빠져 듣지를 못했다

여덟 명의 하숙생
눈치를 봐야 하는 시가 식구 아홉 명
무쇠솥은 일개 소대의 밥을 짓느라
한시도 밥 눈물은 마를 날이 없었다

어쨌든
밥 굶고 회사 가는 일은 막아야 했기에

급히 아침상을 차리느라
내 정신은 이미 양이가 물어갔고
어디에 서 있는지조차 알 수가 없었다

와장창
비명과 함께
발을 걸은 문턱이 킥킥거리고
순간 쏘아보는 시퍼런 눈빛이
보리 까끄라기처럼 따가웠다

옆집 사는 새댁은
밤마다 깨만 볶는데
신혼인 나도
한없이 그들이 부럽기만 한 그때

해맞이

불덩이가 솟아오른다
펄펄 끓는 용암
어디든 흘러내린다

TV에서도 둥둥
식탁 밥그릇에도
고봉을 이룬다

소리 없는 감정들이
가슴 속 품은
파랑새를 날린다

간절곶
신령 서럽다

참맛

알 수 없는 맛
그 맛을 찾아
맛에 울고 맛에 웃는다

떫은맛 쓴맛 단맛
그 진위를 알려고
비수를 찔려본다

달면 삼키고
쓰면 뱉는 세상
참맛은 눈물을 동반한다

엉뚱한 전쟁

주인아주머니가
밀린 월세를 받으러 온 날
나는 잘 숙련된 말로
방패를 치켜들었다

오늘은 지원군이 같이 왔다
불꽃 튀는 여섯 눈망울
절대 물러서지 않겠다는 의지로
공습을 위한 날카로운 레이더
조명등이 파랗게 떨고 있었다

그럴 즈음
나는 결국 무릎을 꿇었다
뚝뚝 물줄기가 얼굴을 타고 내릴 때
그만 전의를 상실한 현장 분위기

뒷발을 빼는 지원군이
가게 문을 나설 때
또 다른 2차 전쟁의 불길이

걷잡을 수 없이 타오르고 있었다
길 위에서

4

나 이런 사람이야

상승 기류를 타고
자랑이 절정이다

우리 손자가 반에서 1등 해
손녀가 S대 다녀
우리 딸은 변호사야
내 아들은 의사야
들어주려니 멀미가 난다

나의 껌딱지
잘 키운 반려견
열 딸 안 부럽다

카페라떼

구릿빛 화끈한 근육질 남자
우윳빛 부드러운 달콤한 여자
뜨거운 물을 만나
몸을 섞는다

남자는 사랑한다 말하고
여자는 부끄럽다 미소 짓고
입술에 달콤한
거품 알갱이들

깔깔대는 시간
때로는 쓰다가
때로는 깊은 맛에
빠지기도 하는
어쩌면 그것이
인생일 수 있는

그 남자가 사는 법

맑았다 흐렸다
거기서 거기이다
101호나 201호나 사는 건 마찬가지

언제나 세상이 만만하고
물컹해 보인 적은 없다
양주 마신 자나
막걸리 들이킨 자나
취하는 건 엇비슷

직장은 정년이 있지만
그의 삶엔 왕도가 없다
저 윗동네서 부르는 날까지
그는 왕이다

어쩌면
이 세상에 모든 것이
그의 머리 속에 있다

대왕암에서

일산만 앞바다
저만치 바라보이는 민섬
더러는 미인섬이라 부른다

철썩철썩
솟구치는 물꽃
어디가 바다이고
어디가 하늘인지
켄트지 가득
연필로 금한 줄 그었다

파도 석공 날름한 손놀림은
잠시도 쉬지 않고
바위벽을 다듬는다

돌 속에 누누이 잠만 자던
대왕님을 모셔 나오고
시중드는 하녀들도 깨어대고
비로소 꽃구름이

가마를 내어오면
안개 속에 감춰뒀던
해송은 피리를 문다

소원해지는 날

우리 사이가
소원해지는 날
언제 밥이나 한번 먹자고
먼저 전화해 볼까

밥같이 먹자는 말은
친구가 있어 고맙다는 말이고
또 보고 싶다는 말일 게고
너로 인하여
나의 존재를 확인하는 일이지

뭐 별것도 아닌
시시콜콜한 삶의 수다를
분위기 삼아
마주 앉아 밥을 먹다 보면
입으로는 음식 맛을 향유하고
눈빛으론 아껴둔 정을 건네지

결국 밥 한번 먹자는 말은
요사스러운 술보다
불랙커피의 숨겨진 쓴맛보다
마음을 기댈 수 있어서
더 좋다는 말이지

정말 미안해

'이봐 해봤어?'*

최선을 다해 살리려고 노력했었는데
그렇게 쉽게 갈 줄은

아니 아니야
이건 나의 자만이야
그렇지만 널 어떻게든 살려보려 애썼지

고향을 떠나
나와 함께 한 서른 해의 세월
얼마나 힘들었겠어
모든 것은 내 잘못이야
나의 안이함
전문가의 손이라도 빌려야 했었는데
문득문득 네가 보고 싶은 날
차라리 그때 제주에 눌려 앉았더라면

---

* 아산 정주영 어록 중에서

좋았을 걸
나의 문주란

낙엽비

가을산 가을 나무들은
일제히 수루루
빗소리를 내네

장맛비에 젖으면
옷이 젖지만
오방색 낙엽비에 젖으니
뼛속까지 젖네

아름다운 생각들
잊히어져 간 사람들
지금 서녘 하늘에서
장미밭을 가꾸네

느닷없이
가을의 정적을 깨뜨리는
산 까마귀 한 마리
꾸악꾸악
빈 하늘을 가로질러 나르네

왜

애타게 찾을 사람도 없는데
왜 이렇게 누군가가 보고 싶을까

간절히 사랑받고 싶은데
왜 이렇게 미움만 쌓이는 걸까

흘러가는 시간은 강물 같은데
왜 주어진 삶은 빠르기만 할까

얄궂은 미움
그 밑바닥엔
사랑이 숨 쉬고 있는데

생화生畵

통유리 화폭 가득
세한도 속 소나무가
여기 와 있다
오늘 아침에 까치가 한 쌍
좋은 소식을 물어왔나 보다
자주 눈길이 간다
얼떨결 초인종이 울린다
딩동!

유리창에 쓴 일기

발가벗겨진 채
흠뻑 찬비에 젖었다

보풀인 일기장을 들추자
주르륵 쏟아지는
묽은 액체
슬픔을 받쳐줄 우산은 없었다

웅크린 고슴도치로 살아온
세월 앞에도
봄은 오리라 믿었다

팔레트에 풀린 물감

심장에 붙은 불꽃
증권 그래프 눈금처럼
파르르 떨다가
다시 날아오른다

더러는
두 가닥 감정을 꼬아
외줄 타는 곡예사의 묘기

몇 대박
달빛을 퍼 올리다가
풍덩 두레박 놓아버린
돌이킬 수 없는
시간들이 찰랑이고

팔레트에 어룽진
무지갯빛 구름이 그린
내 사과 반쪽

불탄다

저마다
하루를 배당금으로 받았다
전화를 걸고 소란을 뜬다
다들 눈코 뜰 새 없이 바쁘다

세상은 신비투성이다
청춘의 유월은 싱그럽고
사루비아 꽃처럼 불탄다

봄 여름 지나 가을 겨울
가만히 들여다보면
아프지 않은 곳이 없다

서벅서벅 소리가 난다
불탄다

내 안에 바다

바다는 없다
귓전에 때리는
파도 소리뿐

파도 타며
놀던 그 날
그대는 에메랄드빛
휴양지였지

둘러 보니
모두가 강이고
샛강들뿐
바다가 그립다

5

딩동 메시지

사랑의 메시지가 왔습니다
그가 보낸 문자의 의미
믿음을 주는 음성
까만 눈동자
안부를 여쭙니다

가슴에 풍선을 부는
5월 아카시아 향기
나는 답신 대신
미소를 머금습니다

별 중의 별
뚜뚜뚜
엄밀히 접선이 끊깁니다

2022 카타르 월드컵

축구화가
뻐엉 지구본을 차올렸다

놀란 80억 인구가
와글와글 괴성을 내지를 때

심판은 짧게 호루라기 불어
오프사이드 판정을 내렸다
스탠드에선 광란의 춤사위가
멈추지 않았고
또 한쪽에선
허파에 바람 빠지는 소리가 들렸다

똘똘똘 뭉친 매운 고추
꼬레아 전사들이
사생결단으로 16고지를
탈환할 거라곤 아무도 예측하지 못했다

전후반 90분 내내
격전장 구석구석을
휘젓던 킬리앙 음바페
다시 연장전 30분도 끝나고
축구의 새 드라마는
그때부터 시작되었다

거미손의 몸짓에서 엇갈린 희비
등 번호 10번 리오넬 메시가
새로 지은 카타르 신전에서
용포를 입고 신으로 등극했다
오오 아르헨티나 하늘이
온통 불꽃을 수놓았다

지구별을 위하여

슬그머니 차문 열고
검은 봉지 흘리고 간다

보물찾기하듯
산자락 이곳저곳에
꼭꼭 숨겨놓는 쓰레기

마음을 오염시키는
거친 말 말 말들도 함께

이런 양심의 잡동사니들
대빗자루로 싹싹 쓸어
태평양 어느 무인도에 버리고 싶다
아니 그곳도 오염되니까
지하 수천 미터 불구덩이에
던져버리고 싶다

북극곰이
제 고향으로 돌아가게끔

밤마다 별들이
아파트 옥상으로 놀러 오게끔

여행길에서

할머니 할아버지
언니 형님들
여기에 오신 것을
대환영합니다
여행길 피곤함을 싸악
이 약 한 알로
날려 드립니다

약장수 익살에
눈빛만 멀뚱멀뚱
자글자글 잔주름이
밀가루가 된다

한 달분 약값을
뚝 잘라서 절반 값
또 뚝 잘라서 반에 반값
거기다 두 달 치
더 얹어 드리겠습니다

옥죄어드는 공간의 후끈함
얼음 냉골이 된 얼굴들은
여기저기 지갑을
열었다 닫았다 하며
오도 가도 못하고 있다

폭주 인생

브레이크가 터져 멈출 수가 없었다
삼등칸에 실은 버거운 짐
오십 년 넘게 앞만 보고 달려왔다

운수 사납던 어느 날
온라인에서 신선이 나타나
너는 시인이 되어라
일러주었다

속도를 줄려야 된다고
생각은 했었지만
좀체 제동이 걸리지 않았다

녹슨 철로에는
때늦은 봄눈이 펄펄 날리고
굽어 도는 모퉁이
비로소 정거장이
보이기 시작했다

합일점

커피를 앞에 놓고
대화가 시작되었다
좀처럼 그는 협상 카드를
꺼내 들려 하지 않았다

창밖엔 흰 눈이 수제비를 뜨고
서늘한 대화만큼이나
찻잔은 식어 가는데
인증번호라도 있으면 터치해
그 속으로
들어가고 싶었다

백 근인지 천 근인지
관심의 척도를 잴 수도 없고
마음 하나 이끌어 내기가
복권 당첨만큼이나 어렵다

천국 뉴스

천국의 게시판에 대자보가
나붙었다
누구든 한 편의 작품을 써야만
여기를 통과한다는 내용이 실렸고
장원 자는 등용의 기회를 준다고 했다

소설가는 소설을
시인은 시를
희곡 작가는 시나리오를

특혜 논란에 휩싸였다
왜 수필은 없느냐고
왜 아동문학은 없느냐고

소란스러움에 눈을 떴다
천국도 왕궁도
한순간 물거품이 되었다
누가 증명이나 해줄까
나의 장원을

우리는

지구에 있을 때
사랑해야 하고
만나고 느껴야 한다

인연이란 하늘이 주신 것
그것은 진심이 아니었음을
뒤집어 보면
사랑인 것을

보고 싶은 사람아
혹 잘못이 있다 해도
우리는 다시 만나야 한다

수치를 재다

혈압계 깊숙이 팔뚝을 찔러 넣자
전신에 경고등이 울린다
띠 띠 띠 눈금 올라가는 소리에
세포들이 긴장하고
심장이 널뛰기한다

변화무쌍한 인체의 세계
수축기 혈압
이완기 혈압
정상을 지키느라
안고 사는 평생의 숙제

수치를 지키는 일은
나를 수호하는 일

정상의 길은 좁고 가파르기에
계단을 오르며 만보기를 재촉하고
엘리베이터를 타며 체중을 가늠한다

새들은 가벼워 날아오르는데
사람들은 때로
과욕 때문에 주저앉기도 한다

집을 나와

바위에서 태어난 돌
구르고 깎이면서
여기까지 왔다

새날을 맞기 위해
떠나온 긴긴 여행

물길로 흘러흘러
바다에 이르렀다

처얼썩 처얼썩
파도에 씻기고 궁글리며
몸을 닦는 수행자
가야 할 순례의 길은
아직 멀고도 멀다

장다리꽃

작년 가을
김장하고 남은 무를 포대에 담아
독 속에 넣어두고
겨우내 하나씩 꺼내 먹다가
까맣게 잊고 있었다

봄이 되어
오늘 문득 독 뚜껑을 열자
꼬맹이들
생명의 끈을 놓지 않고
보라색 꽃을 피워 올망졸망
웃고 있는 무꽃

꽃들은
엄마를 만난 듯 나를 반긴다
미안해 미안해
꽃들아 아가들아

오히려 벗다

쌀쌀맞은 가을바람
서둘러 옷을 벗어 던진다
깔깔깔
여기저기 옷 벗는 소리
초겨울이 지나가며 말을 건다
산도 들도
속옷마저 벗어 던지고
알몸으로 침묵한다

내가 그렇다

가을배추

사랑의 끈으로
저를 묶어 주세요
추운 날
서로 살 비비며
따스한 체온 나누고 싶어요
너무 꽉 조이지도
헐겁지도 않게
주인님의 손에
포박당하고 싶어요

해설

■ 작품 해설

읽는 즐거움을 주며 시가 뭔지를 다시 묻게 하는 시집

이경철(문학평론가)

"보이지 않던 일상의 터널 속/썩은 나사못을 풀어/켜켜이 쌓인 먼지와/그 속에 숨어 있는/아픈 세포 한 조각까지도/시詩로 씻어 내었다//내 영혼과/신만이 허락한 곳/언어의 정밀한 공구로/다듬고 어루만져/깜깜한 터널 그윽한 곳까지/시의 향기로 채워 넣었다//푸루루/파랑새가 깃을 치며/날아올랐다"

–「또 다른 출구」 전문

유희 본능을 일으키는 언어와 표현의 즉물적 소통력

김봉임 시인의 이번 신작 시집 『생각나면 또 올게』는 참 쉽다. 즐겁고 뜨겁다. 어려울 것 없이 단숨에 쭉 읽힌다. 언어와 우리네 삶에 대한 반성 없이 즉물적으로 쓰이고 읽히며 속을 후련하게 풀어준다.

요즘 나오는 시집들은 너무 난해하고 장황하다. 시인도 제대로 소화하지 못한 언어와 시상들을 너무 길게 늘어놓아 시에서 독자들을 멀어지게 하고 있다는 불만이 시단과 독자들에게서 터져 나오고 있다.

이런 작금의 시단에서 독자와 후련하게 소통하려는 『생각나면 또 올게』의 쉽고 즐겁게 읽히는 시편들은 시 본래의 덕목이 감동의 소통이라는 것은 다시금 환기해 주기에 충분하다. 우리네 아프고 무거운 삶을 가볍고 환하게 들어 올려 즐거움과 위안을 주는 게 동서고금 변할 수 없는 시의 효험 아니겠는가.

"말의 향기는 내뿜다 사라지고 내 곁에 머무는 것이란 한 줄 언어의 유희다. 이렇게 펜을 들고 일상을 스케치하는 나를 만난다." 책머리에 밝힌 '시인의 말' 한 대목처럼 언어와 삶에 대한 유희 정신이 이번 시집의 시편들을 이끌고 있다.

계절로 치면 가을로 접어드는 휑한 나이와 무거운 삶을 아직도 들끓는 젊음으로 가볍게 이끌고 있다. 이제 아득한 그리움과 사모만으로 남은 고향과 부모님을 그만한 깊이로 생생하게 떠오르게 하는 것도 유희 정신이다.

> "칠월 한여름/눈이 온 듯/청순한 참깨꽃/웃음이 희다//긴 드레스에/자줏빛 속살/붕붕 벌떼는/발정이 났다//오늘 밤 저들 안방에는/금슬이 참 고소하겠다"
>
> —「참깨꽃 연가」 전문

한여름 대낮 땡볕에 핀 참깨꽃을 보며 시인의 속마음을 즉물적으로 드러내고 있는 시다. 첫 연에서는 하얀 참깨꽃의 순정을 '웃음이 희다'고 묘사하더니 둘째 연에서는 자줏빛 꽃 색깔과 대롱처럼 긴 꽃과 그런 꽃 속을 드나드는 벌을 섹시하게 그리고 있다. '붕붕'이라는 말과 '발정이 났다'는 표현이 참 즉물적이다. 유희 정신에 이끌려 솔직하게 그런 즉물적 언어가 터져 나왔을 것이다.

그리고 마지막 연에서 우리네 삶과 언어를 즉물적으로 일치시키는 속어적 표현 '깨가 쏟아진다'는 발상에서 나온 언어유희로 맺고 있다. 그래 이 시를 읽으면 어려울 것 하나 없이 재밌게 잘 읽힌다. 그러면서도 청순과 낯부끄러운 섹스를 단숨에 들끓는 젊음의 힘으로 엮어버리는 효과를 주고 있다.

"봄이 허벅지를 내보이면/바람은 약간의 거만한 태도로 다가온다/아무도 눈치채지 못하게/휘적휘적 방탕한 끼를 늘어놓는 한나절//이 꽃 저 꽃 헤집다가/살금살금 발뒤꿈치를 든다/꽃잎 사이로 혀를 날름대는 저 요염/반쯤 눈을 감고서 희롱하기 바쁘다//거절할 수 없는 저 체위/밤꽃이 풍매화로 거듭나려/자궁이 꿈틀댄다//얼마나 많은 외로운 시간을/오래오래 바람을 기다렸는가//흔들린다는 것은/서로가 서로를 애무하는 거다//아 아 아/꽃도 바람도/무너져 내리는 이 봄날"

–「바람도 거시기 한다」 전문

꽃바람 부는 봄날 꽃과 바람과 혼연일체 되어 무너져내리고 있는 시다. 어떤 해설도 필요 없이 숨넘어갈 정도로 재밌게 읽히는 시다. 장막도 치지 않고 아무것도 가릴 것 없이 맨몸 맨 언어로 '거시기'를 하고 있는 시다. 즉물적으로 '아 아 아' 탄성을 지르면서.

이런 즉물적인 시와 맨 위에 인용해놓은 시 「또 다른 출구」를 비교해 읽어보시라. 「또 다른 출구」는 한 번 읽고 나서 또다시 읽게 만드는 시다. '깜깜한 터널 그윽한 곳'이 무엇인지 알아보려. 해서 반성적 언어로 반성하며 읽게 만드는 시다. 살짝 한 꺼풀 가린 언어이기에 가린 그곳의 의미를 물어가며 읽게 만드는 시다.

"그해 겨울/사랑이 동사 당했다//낡은 일기장을 들추자/묽은 액체가/훈장처럼 빛났다"

— 「이별」 전문

이번 시집 맨 앞에 실린 짧은 시다. 제목으로 보아 이별을 읊은 시로 보인다. 경구警句 식으로 압축해놓아 구구절절한 서사나 눈물 쏟아지는 감상은 없지만 이별의 아픈 의미가 강렬하게 와 닿아 다시금 읽게 만드는 시다.

이에 비해 「바람도 거시기 한다」는 의미가 아니라 황홀한 삶의 모습 그대로를 보여주고 만끽하고 있는 시다. 기다림과 그리움 속에 봄을 맞고 보내는 것이 아니라 그냥 봄과 한 몸이 되어 즐기고 있는 시다. 후모 루덴스, 노는 인간으로서의 원초적 본능이 곧 이 세상 모든 존재의 양태인 현전現前임을 생생하게 보여주고 있는 시가 「바람도 거시기 한다」로 읽힌다.

> "불덩이가 솟아오른다/펄펄 끓는 용암/어디든 흘러내린다//TV에서도 둥둥/식탁 밥그릇에도/고봉을 이룬다//소리 없는 감정들이/가슴 속 품은/파랑새를 날린다//간절곶/신령 서럽다"
>
> -「해맞이」 전문

제목처럼 한반도에서 해가 가장 먼저 뜨는 울산 간절곶의 해맞이를 소재로 쓴 시다. 거기서 태어나 지금까지 살고 있는 곳이기 때문일까. 해맞이가 온몸과 온 삶의 실감으로 떠오르고 있다.

새해 첫 해맞이일 때 TV에서 둥둥 떠오르는 간절곶 해를 많이도 보았을 것이다. 밥그릇 볼록하게 차오른 고봉밥에서도 봉긋하게 떠오르는 해를 시인은 보고 있다. 그러기에 시인은 일출을 자신의 감정의 분출로 보고 있는 것이다.

그렇게 숨김없이 솟아오르는 일출, 감정을 시인은 '신령神靈'으로 보고 있다. 숨김없이 솔직한 즉물적 감정을 시인은 신령의 수준으로 끌어올리고 있는 것이다. 그런데도 그런 신령스런 감정을 '서럽다'고 실토하고 있다. 왜? 분별없는 감정에서는 서러움과 장엄함은 한통속이기에. 그래 '눈물 나게 황홀하다'는 흔한 말도 진실 아니겠는가.

가을 휑한 나이 매양 신선하게 사는 열정적 시의 삶

"가을산 가을 나무들은/일제히 수루루/빗소리를 내네//장맛비에 젖으면/옷이 젖지만/오방색 낙엽비에 젖으니/뼛속까지 젖네//아름다운 생각들/잊히어져 간 사람들/지금 서녘 하늘에서/장미밭을 가꾸네//느닷없이/가을의 정적을 깨뜨리는/산 까마귀 한 마리/꾸악꾸악/빈 하늘을 가로질러 나르네" -「낙엽비」 전문

재목처럼 낙엽이 비처럼 떨어져 내리는 가을날의 풍경과 심사를 있는 그대로 드러내고 있는 시다. 비 맞으면 옷이 젖지만 낙엽비 맞으면 뼛속까지 젖는다 하고 있다. 낙엽 지는 나이에 이르면 뼈저리게 아프게 실감 나는 말이다.

빈 하늘을 가로질러 나는 새만 봐도 아픈 게 가을의 나이 아니겠는가. 그런 계절, 그런 나이에도 시인은 가을 저녁놀 물들어 오는 서녘 하늘에서 장미밭을 가꾼다 하고 있다.

"숫자 세기/나는 아직 젊다/서녘 하늘/장미밭을 감상할 수 있는/기회는 한 번뿐//곧 겨울이 온다고/먹을수록/가벼워지는 나이/낯이 설다"

-「시계는 돌아도」 전문

시간은 흘러가도 나이는 세지 않겠다는 각오가 대단하다. 서녘 하늘 놀지는 장미밭의 지금 이 시각 현전을 만끽하겠

다는 것이다. 그래 매양 낯선 신선한 젊음의 삶을 살겠다는 것이다.

"쌀쌀맞은 가을바람/서둘러 옷을 벗어 던진다/깔깔깔/여기저기 옷 벗는 소리/초겨울이 지나가며 말을 건다//산도 들도/속옷마저 벗어 던지고/알몸으로 침묵한다//내가 그렇다"

– 「오히려 벗다」 전문

가을바람에 우수수 낙엽이 떨어지는 것을 옷을 벗는 것으로 바라보고 있다. 젊은 나이에도 그런 풍경을 보며 우수에 젖어 드는 것이 가을날의 정서인데 시인은 깔깔거리며 웃는다 하고 있다. 유희 정신에 바탕한 도저한 낙관주의다. 그런 낙관으로 시인은 나이 들어 늙어감의 비애를 없애고 현전을 만끽하고 있다.

"불길 이글대는/터질 듯한 가슴을/식혀줄 하늘은 없는가/이팔청춘도 서러운 봄날이건만/그 흔한 벌 나비도 오지를 않네//봉오리 수줍어/고개 숙인 지 며칠/바짝 대궁 세우더니/가녀린 줄기 끝에 불이 붙는다//사흘 밤낮으로 허물어져 내리는/살이 타는 냄새를/어디엔가 다 숨겨놓고/가슴팍에 불을 질러대는 너//아무도 보지 않는 어두운 밤/오열 토하며/한꺼번에 와르르 무너진다"

– 「양귀비」 전문

봄날 제 혼자 붉게 붉게 피어올라 자체 발화發火하다 한순간 스러져버리는 양귀비꽃을 소재로 한 시다. 그런 양귀비꽃과 시인이 한 치의 틈도 없이 일치되어 있는 시다. 시인과 대상의 합치되지 않는 틈새에서 서정이 흘러나와 긴장되게 읽히는 것이 보통 시의 서정 문법인데도 위 시에는 그런 틈이 안 보인다.

일체의 치장이나 가식이 없이 그냥 자체 발화하고 싶은 심사를 그대로, 숨막히게 드러내기 위해 직정적直情的 언어와 표현을 택했을 것이다. 벌 나비도 없이 몸 달아오르는 양귀비꽃의 살이 타는 냄새라는 색과 향의 공감각을 보시라. 얼마나 열정적이고 사실적인가. 그렇게 시인은 나이 들어감의 비애에 함몰되지 않고 자체 발광發光하고 발화하는 시편들을 이번 시집에 많이 선보이고 있다.

> "사랑의 끈으로/저를 묶어 주세요/추운 날/서로 살 비비며/따스한 체온 나누고 싶어요/너무 꽉 조이지도/헐겁지도 않게/주인님의 손에/포박당하고 싶어요"
>
> – 「가을배추」 전문

가을날 주인의 손에 수확 되는 배추를 화자話者로 내세워 사랑을 호소하고 있는 시다. 사실적이면서도 참 따뜻하고 재미있어 지하철 스크린 도어에 새겨넣으면 많은 사람의 가슴속을 따뜻하게 덥혀줄 시다. 섹시하면서도 재밌고, 적당

한 품위의 균형을 잃지 않으면서도 가슴에 그냥 척 안기는 시 아닌가.

시인은 이렇게 나이가 들어가면서도 즉흥적이고 즉물적인 시로 독자들의 가슴에 가감 없이 그대로 안기는 시편들을 많이 선보이고 있다. 그러면서 삶의 위안을 재미있게 주고 있다.

민족 고유의 해학으로 세태를 재밌게 감싸 안는 시

"마을에서 강골로 소문난 우 씨/그와 한집에 산지도 강산이 여러 번 변했다/산채를 버무리거나 고구마 줄기를/무쇠솥에 뭉글하게 끓여 주면/큰 눈을 끔벅끔벅 콧김을 뿜어댔다//누구도 감당 못 하는 힘 하나로/동네 여친에게 인기가 많았던 우 씨/우리 집 앞을 알짱거리는/그 예사롭지 않은 예감에/기어이 내 눈은/못 볼 꼴을 보고 말았다//큰 콧구멍은 실룩실룩/본드 같은 침을 질질거리며/이글거리는 눈빛과 거친 숨소리로/불을 켜고 달려들었다//옥답을 늘리고/새로 집을 앉히고/자식 농사까지 멍에 줄로 끌었는데/어느 날 굴러온 트랙터에게/말뚝 박은 자리를 빼앗기고/우시장으로 떠나던 날/마을 여기저기서/우牛 씨 빼닮은 2세들의/음매 음매 뛰어놀아"

– 「우 씨」 전문

우牛 씨, 소를 의인화해서 재밌게 쓴 시다. 농경시대에 그 억센 힘으로 전답을 일구고 집도 일으켜 세우던 집안의 대

들보 소가 시대가 변함에 따라 트랙터에 밀려나는 현실을 그리고 있다.

그런 집안의 힘센 한 식구 같은 소가 밀려나는 현실에 가슴 아플 텐데도 유희 정신을 바탕에 깔고 있어 우리 민족 전통의 해학으로 읽을 수 있는 시다. 특히 '못 볼 꼴'이란 소교미의 현장을 힘있게 그리며 그렇게 태어난 '2세들'에서 시 읽는 재미를 한층 증폭시키고 있다. 시대의 변화에 따라 사라지는 것들의 안타까움을 시인은 이렇게 해학으로 대체하고 있는 시편들도 가끔 눈에 띈다.

"하얀 와이셔츠에/검은 연미복/그는 소문난 멋쟁이/남쪽 휴양지 갔다가/3월에 돌아오는 부부다//보증금도 없이/제집인 양 권리를 주장한다/미안한 마음은 간혹/박 씨 하나쯤 물고 온다//난개발로 터전은 줄어들고/언제부턴가/그들이 보이지 않는다//아파트 옥상의 열판/프라이팬 아스팔트/자동차가 뀌어대는 방귀/아마 이래서 안 오나 보다"

–「소식이 없어」 전문

가을이면 따뜻한 나라 강남으로 갔다 봄과 함께 돌아오는 제비를 의인화해 쓴 시다. 등이 제비 꼬리 같은 서양식 예복, 연미복燕尾服도 제비에서 유래된 옷이다. 그래서일까. 하얀 목덜미도 와이셔츠로 그리며 제비를 '소문난 멋쟁이' 젠틀맨 신사로 의인화하고 있다.

봄바람과 함께 남쪽에서 으레 자기 집인양 날아와 처마 밑에 집을 짓고 살던 제비들이 요즘 들어선 안 보인다. 난개발로 생태계가 훼손돼 못 돌아온다는 자연 생태시, 환경 고발시로 읽힐 수 있는 시다.

그러나 그런 고발에도 날이 서 있지 않고 재미있게 읽힌다. 우리 민족 고유의 해학은 이렇게 리얼리즘식 비판이나 고발처럼 상대방을 예리하게 공격하지 않고 부드럽고 재밌게 감싸 안으면서도 훨씬 더 고차원적인 씻김굿 효과를 낸다. 동시로도 읽힐 수 있는 동심의 순수한 마음에서 즉물적으로 터져나온 시여서 생태계 훼손의 안타까움을 더욱 절실하게 전하고 있다.

> "상승 기류를 타고/자랑이 절정이다//우리 손자가 반에서 1등 해/손녀가 S대 다녀/우리 딸은 변호사야/내 아들은 의사야/들어주려니 멀미가 난다//나의 껌딱지/잘 키운 반려견/열 딸 안 부럽다"
>
> –, 「나 이런 사람이야」 전문

제목처럼 '나 이런 사람이야'라고 자신은 물론 온 가족을 자랑하는 세태를 꼬집은 시다. 꼬집는 데도 전혀 아프게 들리지 않은 시다. 해학을 바탕에 깔고 발상을 확 전환시키고 있기 때문에 안 아프고 재밌는 시로 읽힌다.

의사, 변호사, 스카이(SKY) 출신 등을 자랑하는 세태에 또 반려견 가족 세태까지 더해졌다. 멀미가 나는 가족 자랑

말보다 '잘 키운 반려견/열 딸 안 부럽다'는 즉흥적, 즉물적으로 터져 나온 말이 얼마나 시를 반전시켜 재미를 더해주고 있는가.

> "작년 가을/김장하고 남은 무를 포대에 담아/독 속에 넣어두고/겨우내 하나씩 꺼내 먹다가/까맣게 잊고 있었다//봄이 되어/오늘 문득 독 뚜껑을 열자/꼬맹이들/생명의 끈을 놓지 않고/보라색 꽃을 피워 올망졸망/웃고 있는 무꽃//꽃들은/엄마를 만난 듯 나를 반긴다/미안해 미안해/꽃들아 아가들아"
>
> –「장다리꽃」 전문

시인의 따뜻한 마음이 그대로 읽히는 시다. 동심, 순수에서 우러난 대지의 어머니 같은 따뜻함이 그대로 전해져오는 시다.

마치 아동의 일기처럼 사실 그대로를 가감 없이 진솔하게 전하고 있다. 이런 진솔함에서 나오는 마음이 그 어떤 마음보다 훨씬 순수하고 따뜻하게 우리 마음에 그대로 다가오는 것이리라.

여기서 우리는 요즘 우리 시에 대해 근본적으로 다시금 묻게 하지 않을 수 없게 한다. 본래의 순수, '분명코 산은 산이요 물은 물이다'는 세계로 돌아가는 것이 시일진 데 너무 '산은 산이 아니고 물은 물이 아니다'는 아집我執과 단집斷執의 세계에 사로잡혀 세상의 본래면목을 못 보고 전하지도 못하고 있는 건 아닌지 묻고 싶다.

이처럼 김 시인은 단순한 언어와 표현으로 '과연 이래도 시가 될 수 있을까'하고 묻고 싶은 정도로 단순한 시를 쓰고 있다. 언어를 꾸밈없이 본래면목으로 사용해 세상 꾸밈없는 현전의 모습을 재밌고 생생하게 보여주고 들려주고 있다.

온몸의 공감각으로 심상을 촘촘하게 엮어내는 서정적 역량

"언제부터인지 문갑 위에는/낡은 목선 한 척 묶여 있다/무명옷 즐겨 입던 어머니는/어디 마실 가셨는지 보이질 않고/발 담근 시린 달빛만이/사부작사부작 실루엣으로/손때 묻은 추억을 넘겨댄다//철썩철썩 파도가/목선의 갈비뼈를 때릴 적마다/하얀 모시가 일어서고/철버덕철버덕 물결이/바디를 탁탁 칠 때마다/올 굵은 삼베가 감기고/금고기 은고기 비늘 같은/수면이 파닥일 때면/잉앗대를 건너오는 결 고운 명주//동이 다 트도록 어머니는/아직도 돌아오지 않고/닻을 내린 포구에는/까칠한 옷감만이 즐비하다//한때는 배가 불룩한 북은/씨줄을 만나려/거친 숨소리를 토했으리//한 여인이 오래도록 낸 뱃길에는/손때 묻은 북만이 남아/윤슬처럼 눈부시다"

－「어머니의 포구」 전문

어머니의 손때가 묻어 반질반질 빛나는 북을 소재로 하여 쓴 시에 지금은 돌아가신 어머니를 향한 정이 정갈하게 배 있는 참 좋은 서정시다. 북은 베를 짜는 기계인 베틀의 나무를 배처럼 깎아 만든 부속품. 베틀에 앉아 그 배에 실을 넣고 손에 잡고 계속 오가며 날줄과 씨줄을 엮어가며 베를 짜는 어머니의 모습을 어릴 적 나도 본 적이 있다.

그렇게 베를 짜던 어머니는 가고 베틀도 사라졌는데 어머니의 손때 묻은 북만이 문갑 위 골동 장식품처럼 놓여있다. 그런 북을 포구에 정박해 있는 목선으로 보고 밤새 바다를 항해하듯 베를 짜던 어머니를 떠올리고 있는 시다.

바다와 항해의 이미지를 빈 것도 신선하고 특히 씨줄 날줄이 만나는 베 짜기를 성적으로 비유한 대목도 역동적인 서정시이다. 이렇게 사모곡思母曲과 베 짜기라는 전통 서정을 정갈하게 읊으면서도 신선함과 역동성은 잃지 않는 데서 김 시인의 서정적 시적 역량은 충분히 들여다볼 수 있을 것이다.

> "벌 나비도 찾아오지 않아/사랑 한번 못해본 꽃//겉치레 몸치장도/할 줄 모르는 꽃//잠시 피었다가/사라지는 꽃//아무도 꽃이라 불러주는 이 없는 꽃/오직 바람의 손짓으로만 완성된 꽃//한평생 열어젖힌 가슴/젖꼭지 물려 살이 되도록/헌신한 꽃//새벽 쌀 씻는 소리에 이어/그 밥 냄새 어머니 꽃"
>
> –「벼꽃」 전문

벼꽃을 소재로 한 위 시도 사모곡으로 읽힌다. 벼꽃을 보며 어머니의 새벽 쌀 씻는 소리를 듣고 아침밥 짓는 냄새를 맡는, 섬세한 공감각적 서정으로 자식들을 위해 평생 헌신한 어머니를 떠올리고 있는 시다.

쌀과 밥이 되는 가장 좋은 꽃이면서도 우리 시에서 벼꽃을 소재로 한 시는 찾아보기 힘들다. 꽃인지 이삭인지 모를 정도고 또 '벌 나비도 찾아오지 않'는 너무도 작고 하얀, '아무도 꽃이라 불러주는 이 없는 꽃'이 벼꽃이기 때문이리라.

그런 벼꽃을 시인은 섬세하고도 속 깊은 감각으로 끈질기게 어머니 꽃으로 잡아내고 있다. 대부분 행을 '꽃'으로 마감해 단호한 리듬을 얻으며 몸치장도 않고 사랑 한번 못해보고 자식들에게 '젖꼭지 물려 살이 되도록 헌신한 꽃'으로 보고 있다. 그러면서 쌀 씻는 소리를 듣고 밥 냄새를 맡는 온몸의 신선한 공감각이 벼꽃을 서정적 절창으로 만들고 있다.

"하늘과 바다/손을 맞잡은 한 폭의 그림/그곳에 길 하나 있다//숨 한 모금 마시면/파릇한 산 내음 코끝을 적시고/바람 한 모금 마시면/짭조름한 바다 내음 마음을 적신다//산등성에 오르면/아버지의 기상이 서려 있고/바다는 억겁의 세월을 다독여 온/어머니의 품 같아//산과 바다/두 팔 벌려 펼쳐 놓은/해변과 사랑길/내 고향 강동"

– 「사랑길」 전문

시인이 나고 자란 고향을 읊은 시다. 고향 하면 떠오르는 부모에 대한 사랑의 보편적 정서를 펴고 있다. 바닷가가 고향이라서 하늘과 바다 등 대자연 천지 부모의 민족 전통적 사상의 뿌리까지 환기시키고 있는 시다.

첫 연부터 하늘과 바다가 맞닿은 수평선과 바다와 산이 맞닿은 해안선 길의 광활한 화폭을 그려놓고 있다. 그리고 하늘과 바다, 바다와 산이 맞닿아 낳은 길이 곧 자신은 물론 모든 생명을 낳은 '사랑길'임을 보여주고 있다.

천지 부모, 삼라만상과 한 몸으로 접화군생接化群生 어우러져 살며 생명을 낳아 삶을 영원토록 이어가는 고향의 원형 이미지를 아주 자연스레 드러내고 있는 시인 것이다.

김 시인은 이렇게 고향과 어머니 아버지를 읊은 적잖은 시에서 서정의 빼어난 역량을 드러내고 있다. 그러면서 감동의 소통의 원형으로 독자들의 가슴에 직격해 들어가기 위해 원초적이며 즉물적인 언어와 표현을 이번 시집에서 구가하고 있다.

> "관세음보살/관세음보살//길을 가다가도 관세음보살/잠자리에 들다가도 관세음보살//어머니는 밤낮으로 불러대지만/한 번도 본 적은 없단다/그런데도 마음속 폭풍은 가라앉고/햇살이 쨍쨍 비친단다//칡넝쿨처럼 엉킨 번뇌/냇물이 흘러가며/다 풀어놓고 간단다//관세음보살/관세음보살"
>
> –「관세음보살」 전문

'관세음보살' 염불로 시작해 염불로 끝나고 있는 시다. '염불念佛'이란 무엇인가. 관세음보살 부처님을 생각하며 끊임없이 뜻 없는 말만 되뇌는 것이다. '관세음보살觀世音菩薩'은 어떤 부처님인가. 한자 뜻 그대로 세상의 모든 일과 소리를 보고 듣고 다 풀어주는 부처님이다.

어머니나 할머니들이 그 보살의 뜻을 알고 염불을 외는 것일까. 아닐 것이다. 소리만으로도 모든 고통과 번뇌를 풀어주는 신령스러운 힘을 가진 언어다. 모든 생각, 상념에서 이런저런 뜻을 내려놓아 생각 자체를 끊게 해 번뇌에서 벗어나게 하는 언어가 염불이요 주문이다.

시의 언어 또한 염불 같은 효험을 가진 언어다. 하늘의 별들이 내려와 금강산 가는 산길을 쓸게 하고 귀신도 감응하게 해 물리친 언어가 시였음을 우리 민족 최초의 정형시인 향가 시편들이 잘 전해주고 있지 않은가.

그런데도 요즘 시편들에서는 그런 감응, 감동의 소통을 찾아보기 힘들다. 시인 자신만의 아집 같은 뜻이 강하기 때문이다. 이러한 소통 불능의 시단에서 즉물적, 원초적 언어로 독자와 만물과 즉흥적으로 감응해보려는 김봉임 시인의 이번 시집 『생각나면 또 올게』는 시의 근원과 본질에 대해 많은 걸 생각게 한다.

생각나면 또 올게

지은이 · 김봉임
펴낸이 · 유재영, 유정융
펴낸곳 · 주식회사 동학사

1판 1쇄 · 2023년 9월 19일
출판등록 · 1987년 11월 27일 제10-149

주소 · 04083 서울 마포구 토정로53 (합정동)
전화 · 324-6130, 324-6131 | 팩스 · 324-6135
E-메일 | dhsbook@hanmail.net
홈페이지 | www.donghaksa.co.kr
www.green-home.co.kr

ISBN 978-89-7190-864-8 03810